Ernst Jandl

OTTOS MOPS HOPST

Gedichte

Mit 11 Zeichnungen
von Bernd Hennig

Otto Maier Ravensburg

ottos mops

ottos mops trotzt
otto: fort mops fort
ottos mops hopst fort
otto: soso

otto holt koks
otto holt obst
otto horcht
otto: mops mops
otto hofft

ottos mops klopft
otto: komm mops komm
ottos mops kommt
ottos mops kotzt
otto: ogottogott

falamaleikum
falamaleitum
falnamaleutum
fallnamalsooovielleutum
wennabereinmalderkrieglanggenugausist
sindallewiederda.
oderfehlteiner?

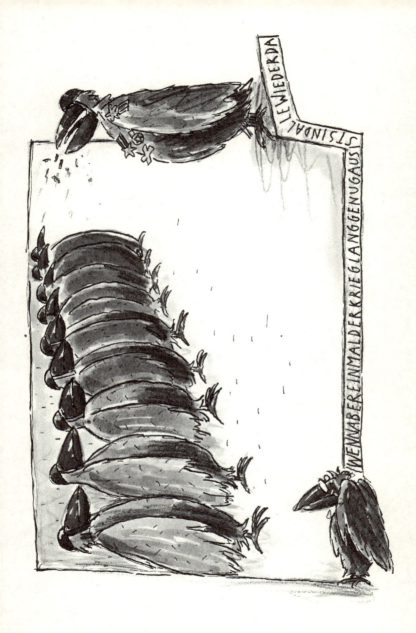

die tassen

bette stellen sie die tassen auf den tesch
                                                      perdon
    stellen sie die tassen auf den tesch
                                                      perdon
             die tassen auf den tesch
                                                      perdon
                        auf den tesch
                                                      perdon

nöhmen
nöhmen
nöhmen sö söch
nöhmen sö söch eune
nöhmen sö söch eune tass
                     eune tass
                              donke
                              donke

eun stöck zöcker
zweu stöck zöcker
dreu stöck zöcker
    donke
    zörka zweu stöck
    zöcker

follen
follen
hünuntergefollen
    auf dön töppüch
        neun
        nur dör hönker üst wög
   pördon
bötte bötte

die mutter und das kind

üch
wüll
spülen

        spül düch
        meun künd

ein schulmädchen

die ferien sind alle
die schule ist die falle
ich bin die kleine maus
der lehrer sieht wie käse aus

florians eltern

schöner schöner florian
horchen wir ihm ohren an
küssen wir ihm einen mund
blicken wir ihm augen rund
rudern wir ihm arme dran
tanzen wir ihm beine ran
lieben wir ihm einen mann
schöner schöner florian

für renate und walter höllerer

der schnitter

es ist ein schnitter, der
schneidet brot und gibt
der frau ein stück
und jedem kind ein stück
und ein stück ißt er selber
und dann fragt er
wer hat noch hunger?
und schneidet dann weiter.
einem solchen schnitter
möchtest du wohl gern
einmal begegnen.
außer er sagt zu dir:
komm her, du brot.

zweierlei handzeichen

ich bekreuzige mich
vor jeder kirche
ich bezwetschkige mich
vor jedem obstgarten

wie ich ersteres tue
weiß jeder katholik
wie ich letzteres tue
ich allein

das fanatische orchester

der dirigent hebt den stab
das orchester schwingt die instrumente

der dirigent öffnet die lippen
das orchester stimmt ein wutgeheul an

der dirigent klopft mit dem stab
das orchester zerdrischt die instrumente

der dirigent breitet die arme aus
das orchester flattert im raum

der dirigent senkt den kopf
das orchester wühlt im boden

der dirigent schwitzt
das orchester kämpft mit tosenden wassermassen

der dirigent blickt nach oben
das orchester rast gegen himmel

der dirigent steht in flammen
das orchester bricht glühend zusammen

wohin und wie

aus dem amt
    mit amselfedern,
in den tau
    mit taubenfedern,
durch den mai
    mit meisenfedern,
über den zaun
    mit königsfedern.

lichtung

manche meinen
lechts und rinks
kann man nicht
velwechsern.
werch ein illtum!

reihe

eis
zweig
dreist
vieh
füllf
ächz
silben
ach
neu
zink

wie man berge versetzt

wie man berge versetzt
weiß ich nicht
aber wie man sich verletzt
weiß ich genau.
es ist mir oft genug passiert.
einmal vielleicht sogar beim versuch
einen berg zu versetzen.
manche leute versuchen sogar
zwerge zu versetzen!
die sind meist ganz schön bissig…

die klage

die klage ist eine sage
und eine höre
oder sie ist eine schreie
oder eine weine
aber eine höre ist sie immer
nämlich wenn sie jemand hört

zahlen

mund ein
fuß zwei
erdteil fünf
finger zehn

und haare

mund ein
fuß zwei
erdteil fünf
finger zehn

und haare

und haare

und haare

doppelt so weit

ich bin neu auf der welt
und ich geh von mir weg
und ich geh zu mir hin
ich bin sechs monate
und ich geh von mir weg
und ich geh zu mir hin
ich bin ein jahr alt
und ich geh von mir weg
und ich geh zu mir hin
wie ich zwei jahre bin
und ich geh von mir weg
und ich geh zu mir hin
das ist mein vierter geburtstag
und ich geh von mir weg
und ich geh zu mir hin
als ein schulkind von acht jahren
und ich geh von mir weg
und ich geh zu mir hin
und erkenne mich mit sechzehn kaum wieder
und ich geh von mir weg
und ich geh zu mir hin
der zweiunddreißigste ist ein schöner geburtstag
und ich geh von mir weg
und ich geh zu mir hin
ich mit vierundsechzig
geh nicht mehr doppelt so weit

fünfter sein

tür auf
einer raus
einer rein
vierter sein

tür auf
einer raus
einer rein
dritter sein

tür auf
einer raus
einer rein
zweiter sein

tür auf
einer raus
einer rein
nächster sein

tür auf
einer raus
selber rein
tagherrdoktor

antipoden

                                        ein blatt
            und unter diesem
                                        ein blatt
            und unter diesem
                                        ein blatt
            und unter diesem
                                        ein blatt
            und unter diesem
                                        ein tisch
            und unter diesem
                                        ein boden
            und unter diesem
                                        ein zimmer
            und unter diesem
                                        ein keller
            und unter diesem
                                        ein erdball
            und unter diesem
                                        ein keller
            und unter diesem
                                        ein zimmer
            und unter diesem
                                        ein boden
            und unter diesem
                                        ein tisch
            und unter diesem
                                        ein blatt
            und unter diesem
                                        ein blatt
            und unter diesem
                                        ein blatt
            und unter diesem
                                        ein blatt

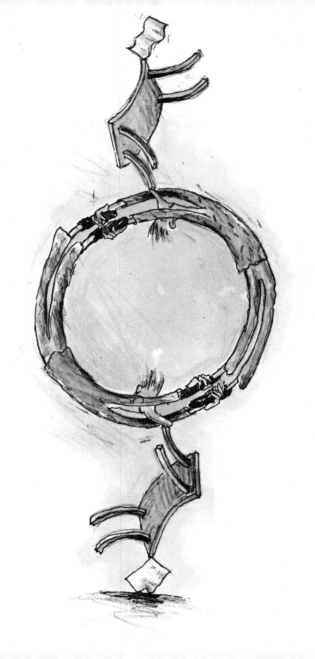

immer höher

DER MANN STEIGT AUF DEN SESSEL
der mann steht auf dem sessel
DER SESSEL STEIGT AUF DEN TISCH
der mann steht auf dem sessel
der sessel steht auf dem tisch
DER TISCH STEIGT AUF DAS HAUS
der mann steht auf dem sessel
der sessel steht auf dem tisch
der tisch steht auf dem haus
DAS HAUS STEIGT AUF DEN BERG
der mann steht auf dem sessel
der sessel steht auf dem tisch
der tisch steht auf dem haus
das haus steht auf dem berg
DER BERG STEIGT AUF DEN MOND
der mann steht auf dem sessel
der sessel steht auf dem tisch
der tisch steht auf dem haus
das haus steht auf dem berg
der berg steht auf dem mond
DER MOND STEIGT AUF DIE NACHT
der mann steht auf dem sessel
der sessel steht auf dem tisch
der tisch steht auf dem haus
das haus steht auf dem berg
der berg steht auf dem mond
der mond steht auf der nacht

sieben weltwunder

und das wievielte bin ich?
und das wievielte bist du?
und das wievielte ist die kuh?
und das wievielte ist der uhu?
und das wievielte ist das känguruh?
und das wievielte ist der marabu?
und wieviele bleiben übrig
wenn es den marabu und das känguruh und den uhu
    und die kuh und dich und mich
einmal nicht mehr gibt?

herumkugeln

einfach herumkugeln
ist auch etwas.
ein kleiner stein
der irgendwo liegt.
oder ein zerknüllter zettel;
du machst ihn auf
und es steht nichts drauf
außer vielleicht „7 schilling".
diese rechnung war billig.

die wunde

die wunde wird geschlagen
oder gestochen
oder geschossen
von einer sekunde zur nächsten
und dauert dann oft lange
langsame wunden erzeugt der sadist
bis er damit zufrieden ist
an die heilung denken müssen andere
was aber auch nicht immer hilft
(für kleine wunden hansaplast
immer bereithalten!)

das grüne glas

man kann im grünen glas
sehr schön schwimmen
wenn man klein genug ist
zum beispiel eine mücke

die bürste

die bürste fährt das leder blank
oder staubfrei hut und hose
oder sauber die zähne
es ist nicht immer die eine bürste
die das alles tut
sondern es sind meist verschiedene
die meisten bürsten sind auch gut

wäscherei

soviel
taschentücher
in einer großen
wäscherei

und wäscherinnen
wünschen
die nasen
alle
in einen großen
kessel

taschen

schau, meine vielen taschen.
in dieser hab ich ansichtskarten.

in dieser zwei uhren.
meine zeit und deine zeit.

in dieser einen würfel.
23 augen sehen mehr als zwei.

du kannst dir denken
was ich an brillen schleppe.

wiedergefunden

ein blatt
darauf
maschingeschrieben
maus

sonst nichts

vor tagen
wochen
unbestimmter zeit
kam das da drauf

von mir

ich weiß

das läuten

jetzt wird es bald läuten, was bedeutet
daß jemand hereinwill. ich weiß auch wer.
ich weiß auch warum. darum soll jetzt
noch rasch ein gedicht entstehen.
das müßte eigentlich heißen: das läuten –
es heißt aber: das bersten.

das bersten

das bersten soll zumeist
einen gewaltigen lärm hervorrufen.
ich habe es nicht oft gehört,
und vielleicht überhaupt noch nicht.
darum sollte ich darüber
vielleicht auch kein gedicht schreiben,
sondern lieber über das wohlbekannte
läuten.

inhalt   otto mops   5
falamaleikum   6
die tassen   8
die mutter und das kind   10
ein schulmädchen   12
florians eltern   13
der schnitter   14
zweierlei handzeichen   16
das fanatische orchester   17
wohin und wie   18
lichtung   19
reihe   20
wie man berge versetzt   22
die klage   23
zahlen   24
doppelt so weit   25
fünfter sein   26
antipoden   28
immer höher   30
sieben weltwunder   31
herumkugeln   32
die wunde   33
das grüne glas   34
die bürste   36
wäscherei   38
taschen   39
wiedergefunden   40
das läuten   42
das bersten   44

Lizenzausgabe
als Ravensburger Taschenbuch Band 1673,
erschienen 1988

Sämtliche Gedichte dieses Bandes wurden entnommen
aus: Ernst Jandl, „Gesammelte Werke",
hrsg. von Klaus Siblewski,
Darmstadt: Hermann Luchterhand Verlag, 1985.
© 1985 Hermann Luchterhand Verlag GmbH & Co. KG,
Darmstadt

Umschlagillustration: Bernd Hennig

Alle Rechte vorbehalten durch
Ravensburger Buchverlag Otto Maier GmbH
Satz: E. Weishaupt, Meckenbeuren
Druck und Verarbeitung: J. C. Huber KG, Dießen
Printed in Germany

5 4 3 2   92 91 90 89

ISBN 3-473-51673-2

RTB Gedichte

RTB 1672

RTB 1673

RTB 1674

RTB 1692

Ravensburger TaschenBücher